CARTA A DIOGNETO

**Dados Internacionais de Catalogação na Publicação (CIP)
(Câmara Brasileira do Livro, SP, Brasil**

Carta a Diogneto / tradução das Monjas Beneditinas da Abadia de Santa Maria ; introdução e notas de Dom Fernando A. Figueiredo. – Petrópolis, RJ : Vozes, 2023. – (Coleção Clássicos da Iniciação Cristã)

ISBN 978-65-5713-785-7

1. Apologética – Obras anteriores a 1800 I. Monjas Beneditinas da Abadia de Santa Maria. II. Figueiredo, Fernando A. III. Série.

22-127925 CDD-239

Índices para catálogo sistemático:
1. Apologética : Cristianismo 239

Cibele Maria Dias – Bibliotecária – CRB-8/9427

CARTA A DIOGNETO

Tradução das Monjas Beneditinas da
Abadia de Santa Maria

Introdução e notas de
Dom Fernando A. Figueiredo

Petrópolis

Tradução realizada a partir do original em grego intitulado
Πρὸς Διόγνητον Ἐπιστολή

© desta tradução:
1976, 2023, Editora Vozes Ltda.
Rua Frei Luís, 100
25689-900 Petrópolis, RJ
www.vozes.com.br
Brasil

Todos os direitos reservados. Nenhuma parte desta obra poderá ser reproduzida ou transmitida por qualquer forma e/ou quaisquer meios (eletrônico ou mecânico, incluindo fotocópia e gravação) ou arquivada em qualquer sistema ou banco de dados sem permissão escrita da editora.

CONSELHO EDITORIAL

Diretor
Gilberto Gonçalves Garcia

Editores
Aline dos Santos Carneiro
Edrian Josué Pasini
Marilac Loraine Oleniki
Welder Lancieri Marchini

Conselheiros
Elói Dionísio Piva
Francisco Morás
Ludovico Garmus
Teobaldo Heidemann
Volney J. Berkenbrock

Secretário executivo
Leonardo A.R.T. dos Santos

Diagramação: Sheilandre Desenv. Gráfico
Revisão gráfica: Luciana Q. de Moraes
Capa: WM design

ISBN 978-65-5713-785-7

Este livro foi composto e impresso pela Editora Vozes Ltda.

Sumário

Introdução, 7

    Análise, 10

    Doutrina, 14

Texto,

    I. Motivo da carta. Perguntas de Diogneto.
    Prólogo, 33

    II. Por que os cristãos não adoram os ídolos, 34

    III. Os judeus também pensam ter Deus
    necessidade desses sacrifícios, 38

    IV. Culto inadequado, 40

    V. Vida dos cristãos, 41

VI. A alma no corpo, os cristãos no mundo, 44

VII. Deus enviou o próprio Filho ao mundo, 46

VIII. Miséria do gênero humano, antes da vinda do Verbo, 49

IX. O Filho tardou a fim de que os homens se reconhecessem por indignos da vida, 51

X. Os bens que Diogneto obterá com a fé, 54

XI. Importância da doutrina do Verbo Encarnado, 56

XII. A verdadeira ciência, na Igreja, pela vida unida à caridade, 59

Índice de referências bíblicas, 63

Índice analítico, 77

Introdução

Dom Fernando A. Figueiredo, OFM

A Epístola a Diogneto é um breve documentário da antiguidade cristã, cujo autor, data e origem constituem ainda objeto de vivas discussões. Seu conteúdo, porém, é analisado em numerosos estudos. Dedicado a um ilustre personagem pagão, Diogneto[1], este documento de

---

1. O termo "Epístola", acrescentado às primeiras palavras do documento, foi iniciativa de Henri Estienne,

12 capítulos, mais uma exortação final, se situa entre as mais belas apologias do Cristianismo face ao judaísmo e ao paganismo. Em 1843-1879 é que foi publicado por I.C. Th. von Otto em sua grande edição das obras de Justino[2] a partir de uma cópia do manuscrito do século XIII ou XIV, denominado de Estrasburgo. Recebeu este nome por ter sido conservado nesta cidade até 1870, quando foi destruído, juntamente com outros documentos, por ocasião do incêndio da Biblioteca onde se encontrava. Os

---

seu primeiro editor. Ele não considerava devidamente o costume antigo de se dedicar um escrito a um personagem célebre. Interpretou o "a Diogneto" como sendo uma saudação epistolar.

2. A primeira edição, publicada em 1843, foi melhorada e revista por von Otto, que a publica em sua terceira edição das obras de São Justino, em 1879: I.C.Th. von Otto, *Corpus Apologetarum Christianorum saeculi secundi*, v. VIII, *S. Justini philosophi et martyris opera*, t. II. Iena: Tertia, 1879, p. VIIs. Este trabalho, realizado à base do manuscrito conservado em Estrasburgo, abre uma nova fase para o estudo do documento que fora publicado pela primeira vez em Paris, em 1592, por Henri Estienne.

críticos modernos, em sua maioria, datam-no da segunda metade do século II. Alguns o atribuem a Panteno[3], predecessor de Clemente de Alexandria no ensino filosófico em Alexandria e, portanto, refletindo um ensinamento tipicamente alexandrino.

Apesar da defesa de Marrou, os capítulos finais do documento, os capítulos 11 e 12 ou a exortação final, não são considerados autênticos. O fato de o autor deste epílogo se considerar discípulo dos apóstolos e mestre dos pagãos não seria argumento decisivo contra sua autenticidade. Isto caso se leve em consideração o fato de o termo "apóstolo" ser empregado nos dois primeiros séculos em um sentido bastante vasto, compreendendo o círculo daqueles que de alguma forma mantiveram contato com os apóstolos. Ademais, poderia ser uma forma para

---

3. Cf. MARROU, H.I. *A Diognète,* Paris: Ed. duCerf, 1951, SCh33, p. 266s. O A. nos apresenta uma excelente edição crítica com tradução e comentário.

religar a doutrina dos apóstolos. A dificuldade maior nos parece ser a diferença de estilo existente entre estes dois capítulos e o resto da obra.

Análise

Após apresentar as questões sugeridas por seu amigo Diogneto, em torno das quais gravitará a Epístola, o A. aborda dois principais temas: o combate à idolatria e ao judaísmo e a apresentação da vida cristã.

I. Em uma linguagem viva – recordando-nos os grandes apologetas do segundo século – o A. busca fazer ver as aberrações dos pagãos em suas práticas idolátricas (cap. 2). Obra do homem, seus deuses feitos de pedra, bronze, madeira etc., materiais corruptíveis contrastam com o Deus incorruptível, vivo e verdadeiro dos cristãos. O culto judaico (cap. 3-4), por sua vez, se perde em um formalismo exterior, julgando que Deus tenha necessidade de sacrifícios oferecidos pelos homens. Os judeus se irmanam aos pagãos, pois se estes oferecem sacrifícios a "deuses insensíveis e surdos", aqueles fazem como se Deus carecesse de tais sacrifícios. A meticulosidade e a intransigência na observância de seus costumes transformam suas manifestações religiosas em superstição e os induzem à simulação.

II. A segunda parte delineia a vida dos cristãos. Não rompe com a primeira parte. Dela emerge como um apelo do Cristianismo aos pagãos e judeus para se achegarem ao Deus de Jesus Cristo.

O A. descreve a vida dos cristãos (cap. 5), não como um viver à parte da vida dos homens. Inseridos profundamente em cada povo, eles comungam sua língua, seus costumes e seu gênero particular de viver. Porém eles aí estão como peregrinos em demanda de sua verdadeira Pátria. O cap. 6 é considerado como uma das pérolas da Patrística. Da morte nasce a vida em Cristo, participada pelos cristãos descritos como sendo a alma do mundo. Nos dois capítulos seguintes, o A. descreve o agir do cristão fundado na fé, cuja origem está em Deus. Ela, a fé, não é resultado do agir humano, mas dádiva do Deus Criador. É Ele quem envia o Verbo santo e incompreensível para se estabelecer nos corações dos homens (cap. 7). Esta sua vinda é esperada por todos os homens, conforme o Pai dispusera e preparara desde o princípio (cap. 8). Se ela não se deu logo é por uma finalidade propedêutica: os homens devem sentir sua insuficiência congênita e correspondente necessidade de redenção (cap. 9).

A carta termina com uma exortação para que Diogneto abrace a fé cristã. Expõe os benefícios que ele obterá caso se torne imitador de Deus (cap. 10). E após proclamar-se discípulo dos Apóstolos, fazendo-se mestre dos gentios (cap. 11), a Epístola termina com um apelo à vida unida na caridade. Adquire-se a ciência que não dissocia o cristão da vida, mas que é fruto da verdadeira vida (cap. 12).

A *linguagem* é simples, mas de grande beleza estilística. Caracteriza-se pelos desenvolvimentos antitéticos, como se pode constatar por exemplo no cap. 5, onde, referindo-se a um mesmo sujeito, os cristãos, ele emprega os verbos de um modo peculiarmente antitético. A Epístola é, com efeito, arrolada entre os escritos mais bem elaborados da literatura grega, sendo seu autor considerado um insigne mestre na arte de escrever. Nela transparece não só o retórico, mas a fé ardente que o anima, conferindo uma certa originalidade à sua obra que não pode ser reduzida a qualquer um dos velhos esquemas da literatura apologética da época.

Doutrina

I. *Teologia missionária emergente* – Em forma dialogal o documento conduz paulatinamente o leitor a perceber a presença na vida dos homens do *Logos* interior, que é a Verdade, a Palavra santa e incompreensível. Nos primeiros capítulos, nos quais encontramos questões sobre o paganismo e o judaísmo, o A. não se deixa envolver por razões polêmicas, mas os transforma em uma *captatio benevolentiae,* pela qual deseja iniciar seu diálogo exortativo à conversão.

Ao falar de Deus, o que o preocupa não é tanto a afirmação do Deus único, o que era comum na maior parte dos filósofos da época, mas sim que Deus é o Criador de todas as coisas. Acentua a distinção de Deus e do mundo. Deus não se confunde com as coisas deste mundo, pois enquanto este é corruptível e mortal, Ele é o incorruptível e o Criador de todas as coisas. Presente no mais íntimo do mundo criado, Ele o transcende de modo absoluto: é Ele quem o cria e o dispõe segundo sua ordem. Ele sempre se mostrou cheio de amor e de paciência. Ele foi o que é e será: clemente, bondoso, manso, verídico; só Ele é bom.

A este Deus todo homem deve dispor-se a ouvir docilmente. Ele é a fonte de toda a ciência, significada pela árvore da ciência e da vida, não a árvore da ciência que mata. Ele permanece sempre o incompreensível e o transcendente, de modo que o homem jamais possa ufanar-se de tudo saber ou de dominar a vida. Sua transcendência não é compreendida como a relação entre o espírito e a matéria, mas como a relação entre o incriado e o criado. E é na raiz de seu próprio ser que o homem percebe este inacessível, fonte inesgotável de sua vida. Daí o fato de o A. asseverar que toda a ciência é provada pela vida, que desponta como sinal do incriado no seu insondável mistério: "não há vida sem ciência, nem ciência sólida sem vida verdadeira". "Quem julga entender algo sem o conhecimento verdadeiro, atestado pela vida, ignora, é seduzido pela serpente, porque não amou a vida". A vida proclama o Deus único e verdadeiro e é nela que o homem aprecia o desvendar do Mistério do Criador, no qual ele se enccontra imerso como criatura.

A vida do homem aponta para a verdadeira vida, não como algo separado dela, mas que lhe confere todo valor e sentido. Quem assim vive se sente convocado em cada instante de seu viver para esta verdadeira vida, que instaura nele a esperança e o leva a produzir bons frutos. Esta verdadeira vida é o Verbo de verdade, enviado pelo Deus invisível. Enviou-o como Deus e Salvador.

II. *A história da Salvação* – A ação benigna de Deus em favor dos homens constitui a dimensão essencial da história dos homens. Com isso se explicita uma História da Salvação, cujas coordenadas emergem da vida dos homens. Não é uma realidade que se ajunta a esta ou que seja paralela à história da humanidade. Do seio desta, ela desponta como o seu núcleo realizador.

Esta ação salvadora de Deus se manifesta como a caminhada histórica do homem para o seu Criador. Ela compreende, conforme nosso documento, três etapas principais: a primeira seria a imitação (μίμησις); a segunda, a aquisição da verdadeira ciência (γνῶσις); a terceira é o desabrochar das anteriores no amor (αγάπη).

No capítulo 10, o A. mostra o que não é imitar Deus: "não é dominar despoticamente o próximo, nem querer estar acima dos mais fracos, nem se enriquecer e praticar violências contra inferiores". Não é este o modo de ser de Deus. Não é assim que alguém se torna imitador dele. Todavia, ao se falar em imitação não se quer transformar Deus em um objeto ou modelo exterior ao homem, o qual ele deveria reproduzir ou copiar. Imitar Deus é descobrir-se em sua originalidade como imagem do Deus Criador. À pergunta: "Como amarás aquele que de tal modo te amou primeiro?", o A. responde: "Amando-o, imitarás sua bondade". Este imitar a sua bondade é, pois, deixar que este amor, com o qual Ele primeiro o amou, efetive-se na sua vida. O ser imitador de Deus não se impõe do exterior, mas nesta imitação o homem se reconhece, retorna à sua essência e efetiva um ato de liberdade. Ele se transforma em "um deus para os que o recebem".

A imitação conduz à verdadeira ciência (γνῶσις ἀληθής). Não "a ciência que incha" e que portanto julga ter enquadrado em categorias o que seja imitar Deus. Ao contrário. Ela nasce da transformação do homem em Deus, isto é, se processa na medida em que ele se lança no abismo misterioso do Criador. Ele percebe seu "objeto", ele mesmo, como transcendente a tudo quanto se pode dizer dele e àquilo que se pode representar. Nasce nele uma piedade interrogativa, jamais satisfeita dela mesma. Ele se mostra respeitoso do mistério no desejo de tornar-se ele mesmo. E a ciência "atestada pela vida", que se adquire ao longo da existência, por uma escuta delicada e empenhativa de suas decisões de cada momento. É sentir o risco na vivência do instante presente. É declarar-se criatura. É então que desponta nele a grandeza de Deus. "Ele carrega o fardo do próximo, procura fazer bem ao inferior [...], é imitador de Deus".

O ápice desta ciência é a caridade. Não que ela seja o resultado da imitação e da ciência: ela as impregna e as vitaliza. A caridade é acolher com afeição. Acolher é deixar ser a bondade de Deus em sua vida. Sua afeição está toda ela concentrada nesta entrega confiante e sem reservas àquele que "governa nos céus". Então o homem começará a proferir os mistérios de Deus, a amar "os que são torturados", a condenar "o desvio do mundo". Ele se coloca todo ardente na consumação de sua vida em Deus pelos seus irmãos.

Estes três momentos se realizam em plenitude na Pessoa de Jesus Cristo, o Filho de Deus, imagem perfeita do Pai. Nele se dá o conhecimento verdadeiro no imperscrutável de sua Divindade. Ele é a caridade, que, irrompendo na história, restaurou em si a criação. Sua passagem para o Pai – morte e ressurreição – abarca todo homem, de modo que a presença da *parusia* se releve em suas obras. A realização da História da Salvação é o mistério da união do Cristo com o cristão. Inserido na história humana, o cristão possui em Cristo a garantia do eterno. Segundo o A., a História da Salvação reúne a dinâmica da livre aceitação da criatura na livre eleição de Deus. O centro desta História é Cristo, no qual se tem todo bem. Ele é sempre, *"é o hoje"* do passado, presente e futuro, e é quem recolhe a história do homem no hoje eterno de Deus.

No hoje eterno de Deus o homem vive a tensão do ato criador único (ἐφάπαξ) de Deus e da parusia (παρουσία); da graça (χάρις) pascal e da justiça (δικαιοσύνη) escatológica. A unidade, operada historicamente pelo Cristo, se efetiva na Igreja. Por Ele "ela se enriquece e desdobra-se e multiplica-se nos santos a graça".

Καιρός *e* καιροί *na História da Salvação* – O documento fala, em diversas passagens, dos *tempos,* apresentados como manifestações históricas do Tempo essencial, do καιρός νῦν, que é o *Logos,* "por quem é glorificado o Pai. A Ele seja dada glória nos séculos". Ele está presente em toda nossa história, sem deixar de ser o totalmente Outro e, portanto, como o que radicalmente torna o homem um estrangeiro em sua própria pátria. Por isso, é para Ele que todos os tempos convergem; isto enquanto Ele se apresenta como a origem de todo o tempo. Estabelece-se com Ele, centro da história, um vínculo "criacional" e soteriológico dos *tempos.*

A vinda do Cristo na carne divide a história em duas fases, de expectativa e de realização, respectivamente. A primeira compreende um período de amor que cria e de paciência que espera; a segunda, um período de caridade que redime e de justiça que reordena. Para o A., pois, o καιρός pervade toda a história, e isto de tal forma que se possa dizer que no tempo presente o homem já vive a eternidade, por graça do "Hoje Divino", cuja sublime longanimidade nos convoca ao humilde reconhecimento de criaturas. A criatura no seu hoje criatural espera na soberana bondade de Deus Criador revelado em seu Filho Jesus Cristo. Realiza-se um divino intercâmbio entre o homem e Deus em que o eterno penetra o temporal levando-o a harmonizar-se com o Absoluto.

O cristão se torna contemporâneo do Cristo não ao se evadir do presente, mas inserindo-se na História da Salvação, que se efetiva em cada instante atual de sua vida. Viver com intensidade os momentos presentes da vida significa deixar que a ação salvadora do Pantocrator, no Hoje Divino, atue e realize a renovação do seu ser homem e a regeneração do mundo universo. Esta ação já se iniciou e é irreversível, tendo sua manifestação total na *parusia* do Senhor, quando tudo nele será definitivamente recapitulado. O homem se encontra nesta efetivação do Advento do Cristo, cujo dinamismo promana de sua glória e é força de bondade e amor. A Epístola é um convite a Diogneto para pôr-se na acolhida do Advento do "Hoje Divino" e, assim, tornar-se Seu imitador.

III. O *Cristão, Alma do Mundo* – Este tema ocupa os capítulos 5 e 6 do documento, os quais gravitam ao redor da primeira frase do capítulo 6: "Para simplificar, o que é a alma no corpo, são no mundo os cristãos". Tal tema adquire grande atualidade após o Concilio Vaticano II, que na *Gaudium et Spes* destaca o papel do cristão no mundo.

O *sentido do mundo*. Nestes dois capítulos, trata-se dos homens, da sociedade humana. Marrou é incisivo neste ponto. No entanto, o A. não se detém mais tranquilamente nesta afirmação, porém passa imediatamente para a relação homem, microcosmo, e mundo, macrocosmo. Segue-se uma série de citações de textos patrísticos de autores como Atenágoras, Tertuliano, Clemente de Alexandria e Orígenes, que nos distanciam um tanto da originalidade do pensamento da Epístola a Diogneto[4].

Originalidade do texto. Marrou busca paralelos em textos de padres anteriores à Epístola. A aproximação feita entre estes e o nosso documento parece-nos, ao menos em alguns textos, ser bastante fortuita e geral. Não há propriamente uma relação direta com o texto em questão. J.R. Bauer, em face da descoberta de uma passagem de Afraates, sustenta uma fonte comum judaica ou judeu-cristã para ambas as passagens. Todavia, o tema se apresenta deveras helênico e pensamos que este seja o ambiente no qual ele nasceu. No mundo helênico coloca-se, no entanto, um acento sobre o aspecto

---

4. Cf. MARROU, H. Op. cit., p. 143.

macrocósmico – esta tendência levou Marrou a acentuá-lo sobremaneira –, o que não é propriamente feito pelo A. da Epístola a Diogneto. O específico de sua apresentação é o de comparar a alma e o corpo a grupos de homens: o mundo e os cristãos.

Situando-o em um horizonte helênico, quando se diz: "os cristãos são a alma do mundo", o que a palavra "cristãos" estaria substituindo? Poder-se-ia pensar em pagãos. Quem estivesse familiarizado com a literatura da época, pagã ou cristã, optaria pela filosofia. Basta atentarmos para os escritos de São Justino Mártir, para não falar de Clemente de Alexandria, e ver com que insistência ele fala do Cristianismo como verdadeira filosofia, diríamos, a filosofia primordial. Convertendo-se, ele continua a trazer seu manto de filósofo, pois o cristão é o filósofo por excelência.

Por outro lado, o texto reflete uma real unidade entre o corpo e a alma. Quebra-se ou, ao menos, dilui-se uma concepção dualista do homem em que a alma, realidade transcendente, se oporia ao corpo. Ademais, o A. estabelece uma relação entre os componentes do homem e os da sociedade. Para um médio platônico não seria estranho também afirmar que o filósofo está para a sociedade dos homens, assim como a alma para o corpo. Na literatura cristã encontramos sobretudo em Alexandria uma concepção social em que se distinguem os cristãos: os simples fiéis e os espirituais (πνευματικοί).

Pode-se falar da originalidade do texto. Não porque o tema fosse estranho aos seus contemporâneos, mas pela transposição que ele faz para os cristãos daquilo que seria compreendido dos filósofos ou da filosofia. O leitor pagão talvez sentisse nesta metáfora uma pretensão descabida da parte dos cristãos. A Epístola, porém, não apregoa uma separação dos cristãos em relação à sociedade pagã, mas exprime uma profunda inserção do cristão na sociedade do tempo, sem laivos de desprezo.

Inserção do cristão no mundo. O ideal para os cristãos não é uma sociedade em que haveria uma elite, formada por eles, separada dos outros homens. O A., muito pelo contrário, concita Diogneto a ver nos discípulos do Cristo não uma indiferença para com o mundo: em toda a nação, embora eles se considerem estrangeiros, não menos se empenham em realizar seus deveres de cidadãos, assumindo as tarefas comuns a todos. Os cristãos não se distinguem dos outros homens, seja por sua fala ou maneira de vestir. Estão espalhados pelas cidades gregas ou bárbaras, segundo lhes cabe a sorte, conformando-se aos costumes locais no vestir, na alimentação, na forma de viver. Obedecem às leis estabelecidas, superando-as, todavia, pela vida.

Esta inserção não significa pois confinar-se nos limites desta sociedade. Eis o paradoxo: eles a superam sem se afastar dela ou menosprezá-la.

Eles se colocam no cumprimento das instituições existentes, mas sem deixar de estarem sintonizados com a vida que é mais do que todas elas. Eles se enquadram em todas as estruturas, mas como forasteiros, isto é, sem se deixarem sufocar por tais estruturas. Elas constituem para eles possibilidades de apreender a riqueza da vida, que é mais do que elas, sem no entanto dispensá-las. Elas se tornam para eles a via de abertura do Mistério da vida. Por isso, o A. declara: toda a terra estrangeira é para eles uma pátria, e toda a pátria é uma terra estrangeira. Submetem-se às instituições locais na liberdade dos filhos de Deus, pois nada os pode impedir de serem "cidadãos do céu". A exemplo do Cristo, a riqueza do cristão está em amar os que o perseguem, em ser pobre enriquecendo a muitos. Não possui nada e tem abundância de tudo. Seu modo de ser na vida é dispor-se à acolhida do Deus de Jesus Cristo no silêncio misterioso e perturbador da Vida. Esta é a sua paixão e ninguém lha pode roubar. Ela se alimenta do cotidiano em seu corriqueiro e em seus momentos menos habituais.

Em suma, o que a alma é no corpo, os cristãos o são no mundo. Um grupo de pessoas profundamente inserido no conjunto da sociedade. Usam das coisas do mundo, mas em radical disponibilidade. É-lhes exigida a cada instante uma opção fundamental e decisiva, pois um sublime lugar lhes foi destinado por Deus, do qual eles não podem desertar, a não ser negando o sentido de suas vidas na Vida, Jesus Cristo.

ADVERTÊNCIA AO LEITOR

1. A tradução é feita sobre a Edição Migne, PG, 2, 1167-1186.

2. Foram mantidas as divisões do Migne, introduzindo-se, porém, a numeração dos parágrafos, conforme a edição da Coleção Sources Chrétiennes 33: A Diognète. Introduction, édition critique, traduction et commentaire de Henri Irénée Marrou.

3. ... indica as falhas no texto.

4. Palavras acrescentadas vêm entre [ ].

Texto

I. Motivo da carta. Perguntas de Diogneto. Prólogo

Uma vez que, excelente Diogneto, vejo a tua ardente aspiração por conhecer como os cristãos cultuam a Deus, e as tuas perguntas muito claras e cuidadosas a respeito deles: quem é esse Deus em que depositam confiança; como se explica que todos os seus adoradores desde o próprio mundo e desprezam a morte; por que não consideram deuses aqueles que os gregos têm por tais; qual a razão de não observarem a superstição dos judeus; que significa a viva afeição que mutuamente se dedicam; por que esse novo gênero ou estilo de vida só começou a existir agora e não antes; **2** acolho tal desejo e peço a Deus, de quem nos vem tanto o dom de falar como o de ouvir, conceda a mim exprimir-me de tal modo que logo venha a saber[1] que melhor te tornaste, e a ti, ouvir de tal maneira que não se entristeça quem te dirigiu a palavra.

II. Por que os cristãos não adoram os ídolos

Avante, pois! Purificado das cogitações que antes revolvias, desembaraçado dos costumes

---

1. "... de tal modo que logo venha a saber". Segundo uma variante teríamos: "após ouvires, melhor te tornes".

enganadores, como que radicalmente converti-
do num homem novo[2], bem disposto a se fazer
ouvinte (tu mesmo o confessas) duma doutrina
nova[3], verifica não apenas com os olhos, mas
também com a razão, qual a substância ou a
forma dos assim chamados e supostos deuses.

2 Um deles não será uma pedra, semelhante às que calcamos aos pés?[4] O segundo, bronze,
nada melhor do que os recipientes fundidos para
nosso uso? O terceiro não será madeira, além do
mais, apodrecida? Outro, prata, e necessitado de
um homem que o vigie para não ser furtado?
Aquele outro, ferro, corroído de ferrugem? Outro, por fim, argila, em coisa alguma mais nobre
do que os utensílios destinados aos serviços mais

---

2. Ef 4,22-24; Cl 3,10.

3. O Cristianismo é esta novidade de vida em que o
Cristo recapitula a realidade primitiva e por isso mesmo
"recria" ou dá origem a um novo povo.

4. Dt 4,28; Is 44,9-20; Jr 10,3-5; Sb 13,16; 15,7.

vis?[5] **3** Acaso não serão todos de matéria corruptível? Não foram forjados a ferro e fogo? Acaso não foram produzidos um pelo escultor, outro pelo ferreiro, o seguinte pelo ourives, outro ainda pelo oleiro?[6] Antes que algum deles tivesse adquirido a forma atual, por meio destas artes, e mesmo agora, não poderia transformar-se em outro? Será que agora da própria matéria desses objetos, havendo os mesmos artífices, não se poderá criar deuses semelhantes àqueles? **4** Será que os homens não poderão, novamente, daqueles que adorais agora, plasmar vasos semelhantes aos demais? Não são todos surdos? Não são cegos? Inanimados? Insensíveis? Imóveis? Acaso não apodrecem todos eles? Não se corrompem todos? **5** E a isto que denominais deuses, servis, adorais; e inteiramente a eles vos assemelhais[7].

---

5. Sb 13,11.
6. Jr 10,3-5; Hab 2,18-19.
7. Sl 113b,4-8; 134,15-18.

6 Por este motivo, odiais os cristãos, que não os consideram deuses.

7 No entanto, vós que agora acreditais e julgais honrá-los como deuses, não os desprezais muito mais do que os cristãos? Não zombais e injuriais muito mais do que eles? Venerais, desprotegidos, ídolos de pedra e argila; os de prata, e os de ouro, porém, ficam trancados à noite, e de dia, confiados à guarda para não serem roubados.

8 Assim, aqueles que quereis honrar, se de fato têm sensibilidade, antes os supliciais; se, ao invés, são insensíveis, ao cultuá-los com sangue e odores (das vítimas queimadas), os arguis disto. **9** Quem de vós suportaria tal coisa? Quem deixaria que assim lhe fizessem? Homem algum (dotado como é de sentido e intelecto) suportaria de bom grado este suplício. A pedra, contudo, o suporta; é insensível. Com isto demonstrais que são insensíveis...

10 Quanto ao fato de que os cristãos não se sujeitam à escravidão destes deuses, muito teria ainda a dizer. Se, no entanto, estas palavras parecerem a alguém insuficientes, seria ocioso acrescentar outras.

III. Os judeus também pensam ter Deus necessidade desses sacrifícios

Em seguida, parece-me estares extremamente desejoso de ouvir por que eles (os cristãos) não tributam a Deus culto idêntico ao dos judeus. **2** Embora se abstenham estes da idolatria acima referida, e com razão queiram venerar um só Deus[8] e considerá-lo Senhor de tudo, se, apesar disso, o cultuarem de modo parecido ao supracitado, incorrem em erro. **3** Se já os gregos,

---

8. Marrou propõe a inclusão de "πιστεύειν καὶ τοῦτον". Teríamos então: "Crer em um Deus único e de o venerar...". Tal inserção se justificaria pelo fato de o único documento à nossa disposição ter lacunas

que oferecem sacrifícios a deuses insensíveis e surdos, dão mostras de demência, quando os judeus procuram oferecê-los a Deus, como se disto carecesse, isto mais se afigura estultície do que culto divino.

4 Não é possível de modo algum que o criador do céu e da terra e de tudo o que ela contém[9], o qual nos fornece tudo aquilo de que precisamos, necessite[10] de seus próprios dons, outorgados àqueles que pensam dar-lhe algo. **5** Os que querem oferecer-lhe sacrifício de sangue, odores (das vítimas) e holocausto, e assim reverenciá-lo, a meu ver, na medida em que acham estar dando algo a quem de nada carece, não diferem dos que prestam idênticas honras a deuses surdos, venerando ídolos incapazes de receber tal reverência.

---

9. Sl 145,6.
10. At 17,24-25; Sl 49,8-14.

IV. Culto inadequado

Não será proveitoso, a meu ver, ouvires de mim o referente à meticulosidade acerca de alimentos, à superstição a respeito dos sábados, à jactância por causa da circuncisão e à simulação[11] em torno de jejuns e neomênias, porque ridículas e indignas de menção. **2** Pois seria lícito aceitar como sendo boas algumas das criaturas de Deus destinadas à utilidade dos homens e rejeitar outras, tendo-as por inúteis e supérfluas? **3** Não seria ímpio imaginar que Deus proíba fazer algum bem no dia de sábado?[12] **4** Não seria ridículo gloriar-se da mutilação da carne, como se fosse sinal de eleição, de especial amor de Deus? **5** Quem não tomará antes como indício de insensatez do que de culto divino ser assessores dos astros e da lua, dar-se à observação

---

11. Cl 2,23.
12. Lc 6,9; 13,14-16; 14,3-5.

de meses e dias[13], (acomodar) às inclinações do próprio espírito as disposições de Deus e as sucessões das estações, destinando certos dias às festas, outros ao luto?

6 Opino estares suficientemente instruído de que os cristãos com justeza se abstêm não só da vaidade e da fraude, mas ainda das múltiplas questões e da jactância dos judeus. Mas não alimentes a esperança de aprender de homem algum o mistério do culto divino que lhes é próprio.

V. Vida dos cristãos

Não se distinguem os cristãos dos demais, nem pela região, nem pela língua, nem pelos costumes. **2** Não habitam cidades à parte, não empregam idioma diverso dos outros, não levam gênero de vida extraordinário. **3** A doutrina

---

13. Gl 4,10.

que se propóem não foi excogitada solicitamente por homens curiosos. Não seguem opinião humana alguma, como vários fazem[14].

4 Moram alguns em cidades gregas, outros em bárbaras, conforme a sorte de cada um; seguem os costumes locais relativamente ao vestuário, à alimentação e ao restante estilo de viver, apresentando um estado de vida (político) admirável e sem dúvida paradoxal[15]. **5** Moram na própria pátria, mas como peregrinos[16]. Enquanto cidadãos, de tudo participam, porém tudo suportam como estrangeiros. Toda terra estranha é pátria para eles e toda pátria, terra estranha[17].

---

14. Gl 1,12.
15. Fl 3,20.
16. Ef 2,19; Hb 11,13-16.
17. *Pastor de Hermas, Sim.* 1,1. Esta afirmação da fé cristã funda-se na passagem bíblica segundo a qual Abraão teria vivido como estrangeiro na Terra Prometida. Cf. *Carta de S. Clemente Romano aos Coríntios,* Introdução, onde se atribui à Igreja um caráter de provisoriedade, de exílio.

6 Casam-se como todos os homens e como todos procriam, mas não rejeitam os filhos. **7** A mesa é comum; não o leito.

8 Estão na carne, mas não vivem segundo a carne[18]. **9** Se a vida deles decorre na terra, a cidadania, contudo, está nos céus[19]. **10** Obedecem às leis estabelecidas[20], todavia superam-nas pela vida.

11 Amam a todos, e por todos são perseguidos. **12** Desconhecidos, são condenados. São mortos e com isso se vivificam[21].

13 Pobres, enriquecem a muitos[22]. Tudo lhes falta, e têm abundância de tudo. **14** Tratados sem honras, e nestas desonras são glorificados.

---

18. 2Cor 10,3; Rm 8,12-13.
19. Fl 3,20; Hb 13,14.
20. Rm 13,1; Tt 3,1.
21. Como observamos na Introdução (linguagem) todo este contexto está entremeado de antíteses.
22. 2Cor 6,9-10.

São amaldiçoados, mas justificados. **15** Amaldiçoados, e bendizem[23]. Injuriados, tributam honras. **16** Fazem o bem e são castigados quais malfeitores. Supliciados, alegram-se como se obtivessem vida. **17** Hostilizam-nos os judeus quais estrangeiros; perseguem-nos os gregos, e, contudo, os que os odeiam não sabem dizer a causa desta inimizade.

VI. A alma no corpo, os cristãos no mundo

Para simplificar, o que é a alma no corpo, são no mundo os cristãos. **2** Encontra-se a alma em todos os membros do corpo, e os cristãos dispersam-se por todas as cidades do mundo. **3** A alma, é verdade, habita no corpo, mas dele não provém. Os cristãos residem no mundo, mas não são do mundo[24]. **4** Invisível, a alma

---

23. 1Cor 4,10-12.
24. Jo 15,19; 17,11-16.

é cercada pelo corpo visível. Igualmente os cristãos, embora se saiba que estão no mundo, o seu culto a Deus permanece invisível. **5** A carne odeia a alma e a combate[25] sem haver sofrido injustiça, porque a impede de gozar dos prazeres; também o mundo odeia os cristãos[26], sem ter sofrido ofensa, por se oporem aos prazeres. **6** A alma ama a carne que a odeia e os membros; assim os cristãos amam os que os detestam[27].

7 Encerrada no corpo, a alma é quem faz a coesão do corpo. Os cristãos, igualmente, estão de certo modo aprisionados no mundo, como num cárcere, mas são eles que sustêm o cosmos. **8** Imortal embora, a alma reside numa tenda mortal. De maneira semelhante, os cristãos abrigam-se provisoriamente em refúgios corruptíveis, à espera da incorrupção nos céus[28].

---

25. Gl 5,17.
26. Jo 15,18-19; 1Jo 3,13.
27. Mt 5,44; Lc 6,27.
28. 1Cor 15,50.

9 A alma, malcuidada relativamente à comida e à bebida, aperfeiçoa-se. Os cristãos também, cotidianamente supliciados, aumentam cada vez mais. **10** Deus os colocou em tão elevado posto, que não lhes é lícito recusar.

VII. Deus enviou o próprio filho ao mundo

Não lhes foi transmitida uma invenção, por assim dizer, terrena[29], nem julgam dever preservar com tanto cuidado uma imaginação efêmera, nem lhes foi confiada a administração de mistérios humanos. **2** Mas o próprio todo-poderoso[30], o criador de tudo, o Deus invisível,

---

29. Gl 1,12.

30. O original tem por "todo-poderoso" o termo grego *pantocrátor* muito utilizado na Sagrada Escritura e pelos padres para designar Deus. Por exemplo, confira 2Cor 6,18; *S. Justino Mártir, Dial.* 16,4; *Clemente de Alexandria, Strom.* 1,17 etc.

fez descer do céu a verdade[31] e o Verbo santo e incompreensível, colocou-o no meio dos homens e estabeleceu-o firmemente em seus corações. Não o realizou, como poderia alguém imaginar, enviando aos homens servo, ou anjo ou príncipe ou algum dos que presidem as coisas terrenas, ou um encarregado da disposição das habitações celestes, mas o próprio artífice e criador de todas as coisas. Por ele criou os céus e conteve os mares dentro de seus confins[32].

Guardam fielmente os seus mistérios todos os elementos. Impôs ao sol a medida do curso dos dias que deve manter. A lua atende a sua ordem de aparecer à noite; obedecem-lhe as estrelas que acompanham o percurso da lua. Por ele todas as coisas foram ordenadas, definidas e submetidas[33]: os céus e o que existe nos céus, a

---

31. Jo 14,6.

32. Sl 103,9; Pr 8,27-29.

33. A afirmação é um tanto genérica, não se precisa se todas as coisas são submetidas ao Verbo ou aos homens.

terra e o que há na terra, o mar e o que o mar contém, o fogo, o ar, o abismo, os seres existentes nas alturas, os das profundezas, os do espaço intermediário. Enviou-os para todos eles.

3 Poderia alguém dentre os humanos pensar que enviou por tirania, para incutir medo ou assombro? **4** De modo algum. Foi com clemência e mansidão, como um rei envia seu filho rei, que o enviou. Enviou-o como Deus. Salvador, persuasivo e não violento, enviou-o aos homens. Em Deus não existe violência. **5** Enviou como quem convida, não como perseguidor; enviou como quem ama, não como juiz[34].

6 Há de mandá-lo, porém, um dia para julgar. E então, quem suportará a sua vinda?[35] **7** (Não vês que) são lançados às feras, a fim de

---

34. Jo 3,17-19.
35. Aqui encontra-se uma lacuna no documento original.

negarem o Senhor, mas não são vencidos? **8** Não vês, quanto maior o número dos que são supliciados, tanto mais aumentam os cristãos? **9** Tais fatos não podem ser obra humana; derivam do poder de Deus e são demonstrações de sua vinda.

VIII. Miséria do gênero humano, antes da vinda do Verbo

Soube alguém, antes que ele viesse, quem é, afinal, Deus? **2** Ou aceitarás as vãs e néscias opiniões de filósofos fidedignos? Alguns deles afirmaram que Deus é fogo (é para lá que irão, e chamam-no deus), outros que é água, outros ainda que é um dos elementos criados por Deus.

3 Sem dúvida, se alguma dessas asserções fosse aceitável, poder-se-ia de cada uma das restantes criaturas afirmar igualmente que é Deus.

4 Mas todas elas são prodígios e embustes de impostores. **5** Homem algum jamais o viu ou conheceu[36]; ele próprio foi quem se revelou a si mesmo.

6 Manifestou-se pela fé, a única à qual é dado ver a Deus. **7** O Senhor e Criador de tudo, Deus, que fez todas as coisas e julga segundo a ordem, não só se tornou amigo dos homens, mas ainda longânime. **8** Assim era ele sempre, é e será ótimo, bondoso, tolerante e verdadeiro; só ele é bom[37]. **9** Havendo traçado um grande e inefável plano, apenas ao Filho o comunicou. **10** Enquanto, porém, o conservava em mistério e guardava o seu sábio desígnio, parecia descuidado e despreocupado a nosso respeito. **11** Mas, quando por meio de seu Filho muito amado[38] revelou e manifestou o que

---

36. Lc 10,22; Jo 1,18.
37. Mt 19,17; Mc 10,18; Lc 18,19.
38. Mt 3,17; 17,5.

preparara desde o princípio[39], concedeu-nos simultaneamente tudo: participar de seus benefícios e ver... Quem dentre nós jamais o havia esperado? Tudo sabia em si e com o Filho, conforme dispusera.

IX. O Filho tardou a fim de que os homens se reconhecessem por indignos da vida[40]

Até recentemente deixou-nos, como queríamos, agitados por tendências desordenadas, arrastados por prazeres e concupiscências[41]. Não se regozijava, de modo algum, com nossos pecados, mas tolerava-os. Nem tampouco aprovava, então, o tempo favorável à injustiça, mas criava um espírito de justiça, a fim de que, convencidos

---

39. Ef 3,9; Gl 4,4-5.
40. At 14,15; 17,30.
41. Tt 3,3.

por nossas próprias obras de que éramos indignos da vida, agora pela bondade de Deus nos tornemos dignos, e tendo-se evidenciado que era impossível, por nós mesmos, entrarmos no reino de Deus, pela força de Deus disso agora sejamos capazes[42].

2 Quando, pois, se consumou a nossa injustiça e se manifestou perfeitamente que o salário dela era o castigo e a morte, chegou o tempo por Deus predestinado[43] para se revelar finalmente a sua bondade e a sua força; e como... por excesso de amor, de caridade aos homens... não nos odiou, nem rejeitou, nem guardou lembrança do mal. Mas foi longânime, suportou-nos, aguentou os nossos pecados, entregou o próprio Filho, em resgate por nós[44], o santo pelos iníquos, o inocente pelos maus, o justo pelos

---

42. Jo 3,5.
43. Gl 4,4.
44. Rm 8,32; 1Tm 2,6; Mt 20,28; Mc 10,45.

injustos[45], o incorruptível pelos corruptíveis, o imortal pelos mortais.

3 Que poderia ocultar nossos pecados senão a sua justiça? **4** Como poderíamos nós, transgressores e ímpios, justificar-nos, a não ser no Filho de Deus? **5** Ó doce permuta, ó criação insondável, ó inesperados benefícios! Que a injustiça de muitos se oculte em um só justo, a justiça de um só justifique a muitos transgressores![46]

6 No passado, ele nos comprovou a impotência de nossa natureza para obter a vida; agora, apresentou um salvador capaz de salvar até o que era impossível; em ambos os casos quis que confiássemos em sua bondade e o tivéssemos por nutrício, pai, mestre, conselheiro, médico, mente, luz, honra, glória, força, vida e

---

45. 1Pd 3,18.
46. Rm 5,17-19.

que não nos inquietássemos por causa de veste e alimento[47].

X. Os bens que Diogneto obterá com a fé

Se ambicionas a mesma fé, adquire primeiro o conhecimento (do Pai)...

2 Deus, na verdade, amou os homens[48]; por causa deles fez o mundo, sujeitou-lhes todas as coisas[49],... deu-lhes inteligência e razão, só a eles concedeu levantar os olhos para ele, plasmou-os à sua própria imagem, para eles enviou seu Filho Unigênito, prometeu-lhes o reino no céu, e o há de dar aos que o amam.

3 Havendo-o conhecido, de que alegria não te sentirás repleto? **4** Ou como amarás aquele

---

47. Mt 6,31; Lc 12,29.
48. Jo 3,16.
49. Gn 1,26-30.

que de tal modo te amou primeiro?[50] Amando-
-o, imitarás a sua bondade. E não te admires de
poder um homem tornar-se imitador de Deus[51];
pode-o, se Deus o quiser.

5 Não é ser feliz dominar despoticamente
o próximo, nem querer estar acima dos mais fracos, nem se enriquecer e praticar violências contra inferiores. Em nada disto imitaria alguém a
Deus; tudo isto está excluído de sua grandeza. **6**
Quem carrega o fardo do próximo[52], quem procura fazer bem ao inferior naquilo mesmo em
que é melhor, quem transfere os dons de Deus
aos necessitados, torna-se um deus para os que
o recebem, é imitador de Deus.

7 Então, embora te encontres sobre a
terra, verás que Deus governa nos céus, então

---

50. 1Jo 4,19.
51. Ef 5,1.
52. Gl 6,2.

começarás a proferir os mistérios de Deus[53], então amarás e admirarás os que são torturados por não quererem renegar a Deus, então condenarás a ilusão e o desvio do mundo, quando conheceres a verdadeira vida no céu, quando desprezares o que aqui é considerado morte, quando temeres a verdadeira morte, reservada para os condenados ao fogo eterno, que há de atormentar sem fim os nele lançados. **8** Então admirarás os que suportam pela justiça o fogo temporário e... chamá-los-ás bem-aventurados quando conheceres o que é aquele fogo.

XI. Importância da doutrina do Verbo Encarnado

Não falo de coisas estranhas, nem procuro absurdos, mas como me tornei discípulo dos

---

53. 1Cor 14,2.

apóstolos, faço-me mestre dos gentios. Apenas transmito o que me foi confiado aos que se fizerem dignos discípulos da verdade.

2 Qual o homem perfeitamente instruído e gerado pelo Verbo amigo, que não procure saber com exatidão aquilo que o Verbo manifestou aos discípulos, aos quais mostrou-se o Verbo aparecendo e falando-lhes com a maior confiança? Enquanto os incrédulos não o compreendiam, ele conversava com os discípulos; os que ele julgava fiéis conheceram os mistérios do Pai, **3** que por causa deles enviou o Verbo, para se manifestar ao mundo. Desprezado foi pelo povo, mas os apóstolos o anunciaram e nele creram as nações.

4 Ele, que é desde o princípio[54], apareceu... como sendo novo... e sempre recém-nascido nos corações dos santos. **5** Ele que é

---

54. 1Jo 1,1; 2,13-14.

sempre e hoje é declarado Filho, por quem a Igreja se enriquece. Desdobra-se e multiplica-se nos santos a graça, a qual se apresenta à mente, manifesta os mistérios, anuncia os tempos, alegra-se a respeito dos fiéis, doa-se aos que o procuram e que não infringem os limites da fé, nem transgridem os marcos estabelecidos pelos pais.

6 Em seguida, elogia-se o temor da lei, reconhece-se a graça dos profetas, firma-se a fé dos evangelhos, guarda-se a tradição dos apóstolos, e exulta a graça da Igreja.

7 Se não contristares esta graça, reconhecerás o que o Verbo fala por intermédio de quem quer e quando quer. **8** Todas essas coisas, de fato, fomos induzidos a explicar-vos laboriosamente, pela vontade do Verbo que nos impele. Por amor das próprias coisas reveladas, queremos que delas participeis.

XII. A verdadeira ciência, na Igreja, pela vida unida à caridade

Se atenderdes a elas, se escutardes com zelo, sabereis tudo o que Deus prepara àqueles que o amam[55] sinceramente e que se transformaram num paraíso de delícias, produzindo em si mesmos uma árvore fértil e frondosa, ornada de frutos vários. **2** Nesta região foram plantadas a árvore da ciência e a árvore da vida[56]. Mas não é a árvore da ciência que mata e sim a desobediência que mata.

3 Não é obscuro o que está escrito, que Deus no começo plantou a árvore da vida no meio do paraíso, mostrando através da ciência a vida. Como não usaram dela puramente os primeiros homens, por sedução da serpente foram

---

55. 1Cor 2,9.
56. Gn 2,8-9.

despojados[57]. **4** Não há vida sem ciência, nem ciência sólida sem vida verdadeira. Por isso as árvores foram plantadas uma perto da outra.

5 O apóstolo, conhecedor da força desta relação, censura a ciência que se exerce sem o mandamento da verdade, em vista da vida: A ciência incha, mas a caridade edifica[58]. **6** Quem julga entender algo sem o conhecimento verdadeiro, atestado pela vida, ignora, é seduzido pela serpente, porque não amou a vida. Mas quem adquiriu o conhecimento com temor, e procura a vida, planta em esperança, na expectativa dos frutos.

7 A ciência te sirva de coração, a vida seja a palavra verdadeira, bem acolhida. **8** Se tens esta árvore e produzes frutos, sempre colherás o que é desejável diante de Deus, o qual a serpente não

---

57. Gn 3,7.
58. 1Cor 8,1.

tocará e no qual não se mistura engano. Nem Eva é corrompida, mas a virgem[59] é acreditada. **9** A salvação é mostrada, os apóstolos são dotados de inteligência, a Páscoa do Senhor se adianta, reúnem-se os coros e harmonizam-se com ordem; e ensinando aos santos, alegra-se o Verbo, por quem é glorificado o Pai. A Ele seja dada glória nos séculos. Amém.

---

59. A passagem é bastante obscura. A respeito dela, temos quatro interpretações diversas: crê-se virgem; – uma virgem é objeto de fé; – (Eva, sempre) crê-se virgem; – uma virgem (Maria) crê.

Índice de referências bíblicas

ANTIGO TESTAMENTO

Gênesis

1,26-30	X,2
2,8-9	XII,2
3,2-3	XII,1
3,7	XII,3

Êxodo

20,11	III,4

Deuteronômio

4,28	II,2

1Reis (1º Samuel)

15,22	III,4

Jó

26,10	VII,2
38,8-11	VII,2

Salmos

2,7	XI,5
49,8-14	III,4
84,3	IX, 3
103,9	VII,2
113b,4-8	II,5

134,15-18	II,5
145,6	III,4

Provérbios

8,27-29	VII,2
22,28	XI,5

Sabedoria

7,26	IX,6
9,15	VI,8
13,2	VIII,2
13,10s	II,2
13,11s	II,2
13,16	II,2
15,7	II,2
15,15	II,5

Eclesiástico ou Sirácida

24,8	VII,2

Joel

2,3	XII,1

Habacuc

2,18-19	II,3

Malaquias

3,2	VII,6

Isaías

9,5	IX,6
44,9-20	II,2
53,4	IX,2
53,11	IX,2
63,9	VII,2

Jeremias

10,3-5	II,2-3

Baruc

4,8	IX,6

(Baruc, 6 – Carta de Jeremias)

7s	II,3
11	II,2
17	II,2; II,7
19	II,2
44s	II,3
56	II,2s.
58	II,2

2º Macabeus

1,24	VII,2
13,3	IV, 1

NOVO TESTAMENTO

Mateus

3,17	VIII,11
5,44	VI,6
6,31	IX,6
17,5	VII, 11
19,17	VIII,8
20,28	IX,2
21,37	VII,4

Marcos

10,18	VIII,8
10,45	IX,2

Lucas

1,3	I,1
6,9	IV,3
6,27	VI,6

10,22	VIII,5
12,29	IX,6
13,14-16	IV,3
14,3-5	IV,3
18,19	VIII,8

João

1,1-14	VIII,1
1,18	VIII,5
3,3	II,1
3,5	IX,1
3,16	X,2
3,17-19	VII,5
8,12	IX,6
14,6	VII,2; IX,6
15,18-19	VI,5
15,19	VI,3
17,11-16	VI,3

Atos dos Apóstolos

1,1	I,1
14,14	III,4
14,15	IX, 1
17,24-25	III,4
17,30	IX,1

Romanos

1,21-26	IX,1s.
2,4	VIII,7; IX,2
3,9	IX,1s.
3,19	IX,1s.
3,25	IX,1s.
3,25-26	VIII,5-6; IX, 1
4,18	XII,6
5,17-19	IX,5
7,10	XII,5
8,12-13	V,8
8,32	VIII,11; IX,2

9,21	II,3
9,22-24	X,1
11,33	IX,5
12,1	II,8-9
13,1	V,10

1ª Coríntios

2,9	XII,1
4,1	VII,1
4,10	V,14
4,12-13	V, 14-15
8,1	XII,5
9,17	VII,1
14,2	X,7
15,27	VII,2
15,50	VI,8

2ª Coríntios

5,1	VI,8

6,9-10	V,11-13; V,16
6,13	V,14
6,18	VII,2
10,1	VII,4
10,3	V,8
11,2-3	XII, 8

Gálatas

1,2	V,3; VII,1
3,22-25	IX,1s.
4,4	IX,2
4,4-5	VIII, 11
4,10	IV,5
5,17	VI,5
6,2	X,6

Efésios

2,19	V,5
3,8	IX,5

3,9	VII,1; VIII,11
4,22-24	II,1
5,1	X,4
6,9	X,7

Filipenses

2,15-16 V,4	
3,20	V,4;V,9

Colossenses

2,23	IV,1
3,10	II,1

1ª Timóteo

2,6	IX,2
3,16	XI,3

2ª Timóteo

2,20	II,3

Tito

3,1	V,10
3,3	IX,1
3,4	IX,2

Hebreus

11,10	VII,2; VIII,7
11,13-16	V,5
13,14	V,9

1ª Pedro

1,23	XI,2
2,5	II,8-9
2,13	V,10
3,18	IX,2
4,8	IX,3

2ª Pedro

1,13	VI,8
2,11	V,5

1ª João

1,1	XI,4
1,5	IX,6
2,13-14	XI,4
3,13	VI,5
4,19	X,4
5,20	IX,6

Apocalipse

1,8	VII,2
3,7	VII,2; IX,2
5,12-13	IX,6
7,12	IX,6

Índice analítico

As referências por páginas remetem à *Introdução,* ao passo que os números romanos e arábicos, aos capítulos e parágrafos do texto

Alma

p. 12, 23-29; VI,1.6-9

Amor

p. 14, 17, 22; IV,4; IX,2; XI,7

Anjo

VII,2

Apóstolos

p. 9, 10; XI, 1.3.6; XII,5.9

Caridade

p. 12, 19; IX,2; X,6; XII,1.5

Carne

p. 21; IV,4; V,8; VI,5.6; IX,1

Ciência

p. 12-19; XII,1-5.7

Conversão

p. 14

Corpo

p. 23-29; VI,1.3.4.7

Corruptível

p. 10, 14; II,3; VI,8; IX,2

Culto

p. 10; III,3; IV,1.5.6

Criatura

p. 16, 19, 20; IV,1; VIII,3

Cristão

p. 11-13, 20-29; 1,1; II,1.6.7.10; III,1; IV,6; V,1.5-9; VIII,8

Cristianismo

p. 9, 11

Cristo

p. 11, 19-22, 28

Deus

p. 11-15; I,1; III,1-3; IV,1.4.10; VII,1.4.9; VIII,1; IX,1; XII,1.8

Absoluto: p. 22

Bondoso, Bondade: p. 14, 17-19, 22; IX,1.2.6; X,3

Clemente: p. 14; VII,4

Criador: p. 12, 14, 17, 18, 22; III,4; VII,2; VIII,6

Manso: p. 14; VII,4

Pai: p. 12, 19, 21; X, 1; XII,9

Paciência: p. 14

Único: p. 14, 15

Verídico: p. 14

Divindade

p. 20

Doutrina

p. 13s.; II,1; XI,1

Escravidão

II,10

Espírito

p. 15; IV,5; IX,1

Fé

p. 12; VIII,6; X,1; XI,5.6

Filho de Deus

p. 19; VII,1; VIII,9.11; IX,1.2.4; X,2; XI,5

Graça

p. 20; XI,5-7

História da Salvação

p. 16-21

Homem

p. 10-23; 11,1-3.9; IV,1; V,1.6; VII,2.4; VIII,4.6; IX, 1.2; X,2; XI,2; XII,3

Idolatria

p. 10; II,1.5.8; III,2

Ídolos

II,1.7; III,5

Igreja

p. 21; XI,5.6; XII,1

Imitador de Deus

p. 12, 18; X,3.5

Imortal

VI,8; IX,2

Incorruptível

p. 14; VI,8; IX,2

Jejuns

IV,1

Jesus Cristo

p. 11, 19-29

Justiça

p. 22; IX,1.3.5; X,8

Leis

p. 27

Liberdade

p. 18

Matéria

p. 15; 11,3

Mistério

p. 15s., 18, 28; IV,6; VII,1.2; VIII,10; X,7; XI,2.5

Mortal

p. 14; VI,8; IX,2

Morte

p. 20; I,1; IX,2; X,7

Mundo

p. 12, 14, 19, 27-29; VI,1.3.5.7; VII,1; X,1.7; XI,3

Parusia

p. 20-23

Pecado

IX,1-3

Peregrinos

V,5.8; VI,3.8

Pobreza

V,13; IX,6

Práticas idolátricas

p. 10

Próximo

p. 12; X,5.6

Redenção

p. 12

Ressurreição

p. 20

Sacrifícios

p. 39; III,1.3.5

Salvador

p. 16; VII,4; IX,6

Verbo

p. 12-16; VII,2; VIII,1; XI,1-3.7; XII,9

Verdade

p. 14; VI,3; X,2; XI,1; XII,5

Coleção CLÁSSICOS DA INICIAÇÃO CRISTÃ

- *Didaqué – Instruções dos apóstolos*
Anônimo

- *Os sacramentos e os mistérios*
Santo Ambrósio

- *Tradição apostólica de Hipólito de Roma*
Hipólito de Roma

- *A instrução dos catecúmenos*
Santo Agostinho

- *Catequeses mistagógicas*
São Cirilo de Jerusalém

- *Catequeses pré-batismais*
São Cirilo de Jerusalém

- *Peregrinação de Etéria*
Anônimo

- *Carta a Diogneto*
Anônimo

Conecte-se conosco:

f facebook.com/editoravozes

◉ @editoravozes

🐦 @editora_vozes

▶ youtube.com/editoravozes

🟢 +55 24 2233-9033

www.vozes.com.br

Conheça nossas lojas:

www.livrariavozes.com.br

Belo Horizonte – Brasília – Campinas – Cuiabá – Curitiba
Fortaleza – Juiz de Fora – Petrópolis – Recife – São Paulo

EDITORA VOZES LTDA.
Rua Frei Luís, 100 – Centro – Cep 25689-900 – Petrópolis, RJ
Tel.: (24) 2233-9000 – E-mail: vendas@vozes.com.br